El día de Jacobo

Lily Richardson

Éstas son las cosas que Jacobo hizo hoy.
¿A qué hora las hizo?

pasear en bicicleta

almorzar

regar el jardín

cenar

desayunar

jugar baloncesto

Jacobo desayunó a las **8:00**.

Jacobo paseó en bicicleta a las **10:00**.

Jacobo almorzó a las **12:00**.

Jacobo regó el jardín a las **2:00**.

Jacobo jugó baloncesto a las **4:00**.

Jacobo cenó a las **6:00**.

El día de Jacobo

8:00

10:00

12:00

2:00

4:00

6:00